AF350248

A Summer in Stockholm: A Collection of Bilingual Swedish-English Stories

Norwood Eleven

Published by Norwood Eleven, 2024.

While every precaution has been taken in the preparation of this book, the publisher assumes no responsibility for errors or omissions, or for damages resulting from the use of the information contained herein.

A SUMMER IN STOCKHOLM: A COLLECTION OF BILINGUAL SWEDISH-ENGLISH STORIES

First edition. May 21, 2024.

Copyright © 2024 Norwood Eleven.

ISBN: 979-8224698189

Written by Norwood Eleven.

Table of Contents

En sommar i Stockholm

Den sena eftermiddagssolen hängde lågt över Stockholms fridfulla vidder och kastade en gyllene ton över stadens intrikata väv av kanaler och kullerstensgator. Byggnaderna, med sina ockra- och terrakottafasader, verkade glöda med ett inre ljus som reflekterades i vattnet som flöt genom stadens hjärta. Det var en sommar som ingen annan, genomdränkt med en flyktig magi som bara kunde fångas i förgängliga ögonblick och viskade samtal.

Charles Parker, en ung amerikansk författare med en förkärlek för det romantiska och melankoliska, hade kommit till Sverige i jakt på inspiration. Han var förtjust i Strindbergs och Lindgrens verk och längtade efter att gå på samma gator som en gång trampats av litterära giganter. Med en väl använd läderresväska i handen och ett hjärta fullt av okartlagda drömmar anlände han till Grand Hôtel, en majestätisk byggnad som blickade ut över Östersjöns skimrande vatten.

Hotellobbyn var en blandning av gammaldags charm och modern elegans, med kristallkronor som hängde från taket och plyschiga sammetsfåtöljer som inbjöd gäster att dröja kvar. Charles checkade in och utbytte artigheter med den oklanderligt klädda portieren som talade engelska med en sjungande svensk accent. Hans rum var en fristad av komfort, med stora fönster som inramade den pittoreska utsikten över Kungliga slottet och de ståtliga båtarna som låg förtöjda längs kajen.

Den kvällen, när skymningen föll över staden, gav sig Charles ut för att utforska. Luften var fylld av doften från blommande lindar och svaga toner av musik som svävade från öppna fönster. Han vandrade planlöst, lät stadens rytm guida hans steg. Till slut fann han sig själv på ett litet, bohemiskt café i Södermalm, känt för sin eklektiska mix av konstnärer, författare och drömmare.

Caféet var en tillflyktsort av dämpad belysning och mjukt skratt, med gäster som kurade över koppar med starkt kaffe och glas med akvavit. Charles tog plats vid fönstret, med sin anteckningsbok öppen framför sig, och beställde en drink. Medan han smuttade på sin akvavit och njöt av den skarpa, örtiga smaken, betraktade han människorna omkring sig. Det fanns en känsla av kamratskap i luften, en delad förståelse att här, i denna världens hörna, var de fria att vara vem de ville.

Det var då han lade märke till henne. Hon satt vid baren, med ryggen mot honom, men även på detta avstånd kunde han känna hennes närvaro. Hennes hår, midnattens färg, föll i lösa vågor över axlarna, och hon bar en enkel vit klänning som smekte hennes smala figur. Det var något eteriskt över henne, som om hon tillhörde en annan tid, en annan plats.

Oförmögen att slita blicken ifrån henne, såg Charles när hon vände sig för att tala med bartendern. Hennes profil var delikat, med höga kindben och en graciös hals. Hon skrattade åt något som bartendern sade, ett ljud som var lätt och musikaliskt, och Charles kände en plötslig, oförklarlig lust att lära känna henne.

Samlade sitt mod, gick han fram till baren. Kvinnan tittade upp när han närmade sig, hennes ögon en slående nyans av grönt som verkade tränga genom det dämpade ljuset. Charles log försiktigt.

"Får jag bjuda dig på en drink?" frågade han, hans röst avslöjade en antydan av nervositet.

Hon betraktade honom ett ögonblick, hennes uttryck outgrundligt, innan hon nickade. "Varför inte?" svarade hon på perfekt engelska, även om hennes accent avslöjade hennes svenska arv. "Jag heter Linnea."

"Charles," presenterade han sig själv och räckte fram en hand.

De pratade i timmar, deras konversation flöt obehindrat från ett ämne till ett annat. Linnea var konstnär, en målare vars verk fångade den flyktiga skönheten i det svenska landskapet. Hon talade om sin kärlek till skärgården, hur öarna verkade flyta på vattnet som drömmar. Charles lyssnade, fängslad av hennes passion och hur hennes ögon gnistrade när hon talade om sin konst.

När natten fortskred, lämnade de caféet och promenerade längs vattnet, staden badade i gatlyktornas mjuka sken. Himlen var djupt indigo och stjärnorna gnistrade som diamanter spridda över sammet. De stannade vid en bro, lutade sig mot räcket och blickade ut över vattnet.

"Tror du på ödet, Charles?" frågade Linnea, hennes röst knappt över en viskning.

Han övervägde frågan, hans blick fäst vid det krusande vattnet nedanför. "Jag tror det," sade han till slut. "Eller åtminstone, jag vill."

Linnea log, ett vemodigt uttryck korsade hennes ansikte. "Kanske var vi menade att träffas ikväll."

Dagarnasom följde var en virvel av färg och ljus, en virvelvind av ögonblick som kändes både levande och overkliga. Charles och Linnea tillbringade sin tid med att utforska staden, besöka konstgallerier och museer, och ta långa promenader genom parkerna och längs vattnet. De pratade om allt och ingenting, delade sina förhoppningar och rädslor, sina drömmar och ånger.

En eftermiddag tog de en färja till Djurgården, en grön oas mitt i staden. De vandrade genom Rosendals trädgårdar, luften tung av doften av rosor och syrener. Linnea hade med sig en skissbok, och fångade skönheten runt dem med snabba, skickliga drag av sin penna. Charles betraktade henne, hans hjärta svällde av en känsla han knappt kunde förstå.

När solen sjönk lågt på himlen och kastade långa skuggor över gräset, fann de en avskild plats vid vattenkanten. Linnea bredde ut en filt och de satte sig tillsammans, deras axlar rörde vid varandra. Hon räckte honom skissboken, och han bläddrade igenom sidorna, fascinerad av hennes talang.

"De är otroliga," sa han, hans röst fylld av beundran.

Linnea ryckte på axlarna, en rodnad färgade hennes kinder. "Tack. Det är bara vad jag ser."

Charles stängde skissboken och lade den åt sidan. "Känner du någonsin att du är en del av något större? Som att du bara är en liten bit av ett mycket större pussel?"

Linnea nickade långsamt. "Hela tiden. Det är därför jag målar. Det är mitt sätt att försöka förstå allt."

De satt i gemytlig tystnad, ljudet av vattnet som sakta slog mot stranden. Charles kände en känsla av frid sänka sig över honom, en känsla han sällan upplevt tidigare. Det var som om, i detta ögonblick, allt var precis som det skulle vara.

Sommardagarna sträckte sig till veckor, var och en mer förtrollande än den förra. Charles och Linnea kom närmare varandra, deras band fördjupades med varje delad upplevelse. De gick på utomhuskonserter på stadens torg, deras fingrar sammanflätade medan de gungade till musiken. De åt på charmiga bistros, njöt av de rika smakerna av svensk mat och skrattade över glas med vin.

Men när säsongen började avta, spred sig en känsla av melankoli över Charles. Han visste att hans tid i Stockholm närmade sig sitt slut, att sommarens magi snart skulle vara inget mer än ett minne. Tanken på att lämna Linnea fyllde honom med en djup sorg, en längtan efter något som kändes precis utom räckhåll.

En kväll, när de satt på en parkbänk med utsikt över staden, tog Charles upp ämnet som hade tyngt hans sinne.

"Jag måste snart åka tillbaka till New York," sa han tyst, hans ögon fixerade på den avlägsna horisonten.

Linnea tittade på honom, hennes uttryck outgrundligt. "Jag vet," sa hon mjukt. "Men det betyder inte att det här måste ta slut."

Charles vände sig mot henne, hans hjärta värkte. "Vad menar du?"

Hon sträckte sig efter hans hand, hennes beröring var mild och lugnande. "Vi kan skriva till varandra, ringa varandra. Det här behöver inte vara ett farväl."

Han ville tro henne, ville hålla fast vid hoppet att deras förbindelse kunde överleva avståndet. Men en del av honom fruktade att sommarens magi skulle blekna med tidens gång, att deras kärlek skulle bli inget mer än ett vackert minne.

På deras sista kväll tillsammans, återvände de till caféet där de först träffades. Atmosfären var lika varm och inbjudande som den hade varit den ödesdigra kvällen, luften fylld av samtalens sorl och det mjuka skenet från stearinljusen. De satt vid baren, deras händer fast sammanflätade, som om de var rädda att släppa taget.

Linnea lutade sig nära, hennes läppar borstade mot hans öra. "Oavsett vad som händer, Charles, kom ihåg detta: vi var här, tillsammans, och det var verkligt."

Han nickade, hans hals snörpt av känslor. "Jag kommer inte att glömma."

När de gick tillbaka till hotellet, verkade staden anta en ny, bitterljuv skönhet. Gatorna var tysta, det enda ljudet var den mjuka viskningen av vinden genom träden. De stannade vid ingången till Grand Hôtel, dröjde i ögonblicket, ovilliga att säga farväl.

Linnea sträckte upp, kupade hans ansikte i sina händer. "Jag älskar dig, Charles," sa hon, hennes röst skakade av uppriktighet.

Han drog henne nära, deras pannor rörde vid varandra. "Jag älskar dig också, Linnea."

De kysstes, en öm, långvarig kyss som höll alla de känslor de inte kunde sätta ord på. När de slutligen skildes åt, såg Charles på henne gå bort, hennes figur försvann in i natten. Han kände en känsla av förlust, men också en tacksamhet för den tid de hade delat.

Under veckorna som följde, återvände Charles till New York, kastade sig in i sitt skrivande med en förnyad känsla av syfte. Han skrev om staden Stockholm, om sommarens magi och om en kärlek som hade förändrat honom för alltid. Hans ord flödade med en ny djup och klarhet, inspirerade av de minnen han hade skapat och kvinnan som hade berört hans själ.

Han och Linnea utbytte brev, deras korrespondens en livlina som höll dem samman över avståndet. De delade sina tankar och känslor, sina dagliga triumfer och kamp, och sina drömmar för framtiden. Varje brev var en bro mellan deras världar, ett bevis på det varaktiga band de hade skapat under den magiska sommaren.

Månader blev till år, och trots att avståndet mellan dem kvarstod, växte Charles och Linneas förbindelse sig starkare. Deras brev utvecklades från enkla uppdateringar till djupa reflektioner över livet och kärleken, var och en en del av deras pågående berättelse.

De talade om sina förhoppningar att återförenas, att återigen vandra på Stockholms kullerstensgator, och att hitta ett sätt att vara tillsammans trots det stora havet som skiljde dem åt.

Charles fann framgång i sitt skrivande, hans verk fick erkännande och beröm. Hans senaste roman, inspirerad av hans tid i Stockholm och hans relation med Linnea, blev en bästsäljare. Berättelsen om en ung amerikansk författare som förälskar sig i en svensk konstnär fångade läsarnas hjärtan över hela världen, och resonerade med alla som någonsin hade upplevt skönheten och smärtan i en flyktig romans.

Linnea, också, såg sin konst blomstra. Hennes målningar, fyllda med den eteriska kvaliteten i det svenska landskapet och djupet av hennes känslor, ställdes ut i gallerier över hela Europa. Hon blev känd för sin förmåga att fånga naturens och människosjälens flyktiga skönhet, hennes verk ett bevis på hennes talang och passion.

Trots deras individuella framgångar, kände både Charles och Linnea en oöverkomlig längtan efter varandra. De hade byggt egna liv, men de förblev bundna av minnena från deras sommar tillsammans och kärleken som aldrig hade bleknat.

En krispig höstmorgon, när Charles satt vid sitt skrivbord i sin lägenhet i New York, anlände ett brev från Linnea. Hennes välbekanta handstil fick ett leende att sprida sig över hans ansikte när han försiktigt öppnade kuvertet. Hennes ord, som alltid, var en blandning av poesi och uppriktighet:

Käraste Charles,

När löven ändrar färg och luften blir kallare, finner jag mig själv tänka mer och mer på dig och vår tid tillsammans. Minnena från den sommaren är lika levande som alltid, och jag kan inte låta bli att känna att vår berättelse är långt ifrån över.

Jag har erbjudits en möjlighet att ställa ut mina verk i New York, och jag kan inte föreställa mig att vara där utan att träffa dig. Jag kommer att anlända om några veckor, och jag hoppas att vi kan hitta varandra igen i staden som aldrig sover. Det finns så mycket jag vill dela med dig, så mycket jag vill säga.

Med all min kärlek,

Linnea

Charles kände sitt hjärta slå snabbare av förväntan. Tanken på att återse Linnea fyllde honom med en blandning av spänning och nervositet. Han hade ofta drömt om detta ögonblick, men nu när det blev verklighet, fann han sig undra om magin de en gång delade kunde återuppväckas.

När dagen för Linneas ankomst äntligen kom, väntade Charles på den livliga tågstationen, hans ögon letade efter hennes välbekanta figur. Ljudet av fotsteg och sorlet av samtal fyllde luften, men hans fokus var enbart på att hitta kvinnan som hade fångat hans hjärta.

Då såg han henne. Hon stod på perrongen, hennes mörka hår föll över hennes axlar, hennes gröna ögon sökte genom folkmassan. När deras ögon möttes, bröt ett leende fram på hennes ansikte, och hon började gå mot honom, hennes steg snabbare för varje ögonblick.

De omfamnade varandra, åren smälte bort när de höll varandra nära. För ett ögonblick stod de bara där, tog in verkligheten av att åter vara tillsammans. Det kändes som om ingen tid hade gått, som om de aldrig hade varit åtskilda.

När de promenerade genom staden, New Yorks energi och vibrerande liv omfamnade dem, pratade Charles och Linnea om allt och inget, precis som de hade gjort under den sommaren i Stockholm. De besökte Central Park, där höstens löv skapade en gobeläng av rött, orange och guld. De strosade genom konstgallerier och museer, deras samtal flödade sömlöst från ett ämne till nästa.

På kvällarna åt de på mysiga restauranger, deras skratt och delade blickar ett bevis på det band som aldrig hade vacklat. De talade om sina drömmar för framtiden, om möjligheten att bygga ett liv tillsammans trots de utmaningar de stod inför. Varje ögonblick var en dyrbar gåva, en påminnelse om kärleken som hade överlevt genom tid och avstånd.

När Linneas utställning närmade sig, fylldes Charles med stolthet och beundran för henne. Hennes målningar, var och en en reflektion av hennes själ, fängslade konstvärlden. Natten för utställningen var en triumf, med kritiker och beundrare som hyllade hennes verk. Charles stod vid hennes sida, hans hjärta svällde av kärlek och tacksamhet för kvinnan som hade bringat så mycket skönhet in i hans liv.

Den natten, när de gick tillbaka till Charles lägenhet, tog Linnea hans hand, hennes ögon reflekterade stadens ljus. "Charles," sa hon mjukt, "jag har tänkt. Vi har tillbringat så mycket tid isär, men jag vill inte leva mitt liv i fragment längre. Jag vill vara med dig, verkligen och fullständigt."

Charles stannade, vände sig mot henne. "Jag vill det också, Linnea. Mer än något annat."

De gjorde ett löfte till varandra den natten, ett löfte att hitta ett sätt att vara tillsammans, oavsett hindren. De talade om möjligheten att Linnea skulle flytta till New York eller att Charles skulle flytta till Sverige, utforskade varje alternativ med en känsla av hopp och beslutsamhet.

Under månaderna som följde, började de bygga ett nytt liv tillsammans. Linnea fann en studio i New York, där hon fortsatte att skapa sin konst, inspirerad av stadens vibrerande energi. Charles, i sin tur, fann sitt skrivande fyllt med en förnyad känsla av passion och syfte, hans ord flödade med kärleken och glädjen han kände.

Deras dagar var fyllda med livets enkla nöjen: morgonpromenader genom parken, lugna kvällar spenderade med att läsa och prata, och den gemensamma upplevelsen av att skapa konst och berättelser som reflekterade deras resa. De reste tillsammans, besökte nya platser och återupplevde gamla minnen, deras kärlek växte sig starkare för varje dag som gick.

Åren gick, och Charles och Linneas berättelse blev en av motståndskraft och hängivenhet. De ställdes inför utmaningar, som alla par gör, men de mötte dem tillsammans, deras band orubbligt. Deras kärlek, en gång en flyktig sommarromans, hade blommat ut till ett livslångt partnerskap, ett bevis på kraften i förbindelse och skönheten i varaktig kärlek.

En krispig höstkväll, många år efter deras första möte, satt de tillsammans på en bänk med utsikt över vattnet, mycket som de hade gjort i Stockholm. Luften var sval, och himlen var målad med solnedgångens färger. Linnea lutade sitt huvud mot Charles axel, ett tillfreds leende på hennes läppar.

"Kommer du ihåg den första kvällen vi träffades?" frågade hon, hennes röst en mjuk viskning.

Charles nickade, hans ögon reflekterade det blekande ljuset. "Jag minns allt. Det var början på allt."

Linnea tog hans hand, deras fingrar flätade samman. "Jag är så tacksam för den sommaren, för allt den förde oss."

Charles pressade en kyss mot hennes panna. "Jag också, Linnea. Jag också."

När de satt där tillsammans, världen runt dem bleknade i bakgrunden, visste de att deras kärlekshistoria var en som aldrig skulle ta slut. Det var en berättelse om två själar som fann varandra, om att uthärda avståndets och tidens prövningar, och om att bygga ett liv fyllt med kärlek och skönhet.

I det ögonblicket, när solen sjönk under horisonten och de första stjärnorna började glimma på himlen, visste Charles och Linnea att de hade funnit sitt för alltid i varandra. Och när de höll varandra nära, blev minnena av deras sommar i Stockholm och de år som följde gobelängen av deras gemensamma liv, ett bevis på en kärlek som var tidlös och sann.

Epilog

Många år senare, efter ett liv fyllt av gemensamma äventyr och kreativa strävanden, fann sig Charles och Linnea återigen i Stockholm, vandrande längs de välbekanta gatorna som hade bevittnat början på deras berättelse. Staden, med sin tidlösa charm och fridfulla skönhet, välkomnade dem tillbaka som gamla vänner.

De besökte platser som hade varit betydelsefulla för dem: Grand Hôtel, det café där de först träffades, och bron där de hade talat om ödet. Varje plats var en riktmärke för deras resa, en påminnelse om kärleken som hade stått pall genom alla år.

På deras sista kväll i Stockholm tog de en färja till Djurgården, precis som de hade gjort så många år tidigare. Ön var lika förtrollande som alltid, Rosendals trädgårdar i full blom. De hittade sin avskilda plats vid vattenbrynet, bredde ut en filt och satt tillsammans i det avtagande ljuset.

Linnea tog fram sin skissbok, hennes händer stadiga och säkra när hon började rita. Charles betraktade henne, hans hjärta fyllt av samma vördnad och beundran som han hade känt den första sommaren. Medan hon skissade, fångade skönheten i ögonblicket, tog han fram sitt anteckningsblock och började skriva, hans ord en reflektion av det liv de hade byggt tillsammans.

Solen gick ner över vattnet och lyste upp landskapet med ett gyllene sken. Linnea lade ner sin skissbok och vände sig mot Charles med ett leende som talade om ett livslångt kärleks och delade drömmar.

"Vi har kommit full cirkel," sa hon mjukt.

Charles nickade och tog hennes hand i sin. "Och vilken resa det har varit."

De satt i tystnad en stund, kvällens frid svepte runt dem som en mild omfamning. I det ögonblicket kände de tyngden av alla sina år tillsammans, de utmaningar de hade mött och den glädje de hade funnit, och de visste att deras kärlek var lika stark som alltid.

När stjärnorna började lysa på himlen lutade sig Charles fram och kysste Linnea, en kyss som bar all den kärlek och tacksamhet han kände för kvinnan som hade varit hans partner, hans musa och hans största kärlek.

Och när de höll om varandra nära, omgivna av den svenska landskapets skönhet, visste de att deras historia var en som skulle leva vidare, ett vittnesbörd om en kärlek som hade överträffat tid och avstånd, och en påminnelse om att sann kärlek, när den väl har hittats, aldrig verkligt bleknar.

A Summer in Stockholm

The late afternoon sun hung low over the serene expanse of Stockholm, casting a golden hue over the city's intricate tapestry of canals and cobblestone streets. The buildings, with their ochre and terracotta façades, seemed to glow with an inner light, reflecting off the water that flowed through the heart of the city. It was a summer like no other, imbued with an air of transient magic that could only be captured in fleeting moments and whispered conversations.

Charles Parker, a young American writer with a penchant for the romantic and the melancholic, had come to Sweden in search of inspiration. He was enamored with the works of Strindberg and Lindgren, and he yearned to walk the same streets that had once been tread by literary giants. With a well-worn leather suitcase in hand and a heart full of uncharted dreams, he arrived at the Grand Hôtel, a majestic establishment that overlooked the shimmering waters of the Baltic Sea.

The hotel lobby was a blend of old-world charm and modern elegance, with crystal chandeliers dangling from the ceiling and plush, velvet armchairs inviting guests to linger. Charles checked in, exchanging pleasantries with the impeccably dressed concierge who spoke English with a lilting Swedish accent. His room was a sanctuary of comfort, with large windows that framed the picturesque view of the Royal Palace and the stately boats moored along the quay.

That evening, as twilight descended upon the city, Charles ventured out to explore. The air was filled with the scent of blooming linden trees and the faint strains of music drifting from open windows. He wandered aimlessly, letting the city's rhythm guide his steps. Eventually, he found himself at a small, bohemian café in the Södermalm district, known for its eclectic mix of artists, writers, and dreamers.

The café was a haven of dim lighting and soft laughter, with patrons huddled over cups of strong coffee and glasses of aquavit. Charles took a seat by the window, his notebook open before him, and ordered a drink. As he sipped his aquavit, savoring the sharp, herbaceous flavor, he watched the people around him. There was a sense of camaraderie in the air, a shared understanding that here, in this corner of the world, they were free to be whoever they wished.

It was then that he noticed her. She was seated at the bar, her back to him, but even from this distance, he could sense her presence. Her hair, the color of midnight, fell in loose waves over her shoulders, and she wore a simple white dress that clung to her slender frame. There was something ethereal about her, as if she belonged to another time, another place.

Unable to tear his gaze away, Charles watched as she turned to speak to the bartender. Her profile was delicate, with high cheekbones and a graceful neck. She laughed at something the bartender said, a sound that was light and musical, and Charles felt a sudden, inexplicable urge to know her.

Gathering his courage, he approached the bar. The woman glanced up as he neared, her eyes a striking shade of green that seemed to pierce through the dim light. Charles offered a tentative smile.

"May I buy you a drink?" he asked, his voice betraying a hint of nervousness.

She regarded him for a moment, her expression unreadable, before nodding. "Why not?" she replied in perfect English, though her accent revealed her Swedish heritage. "I'm Linnea."

"Charles," he introduced himself, extending a hand.

They talked for hours, their conversation flowing effortlessly from one topic to the next. Linnea was an artist, a painter whose works captured the ephemeral beauty of the Swedish landscape. She spoke of her love for the archipelago, the way the islands seemed to float on the water like dreams. Charles listened, captivated by her passion and the way her eyes sparkled when she spoke of her art.

As the night wore on, they left the café and strolled along the waterfront, the city bathed in the soft glow of streetlights. The sky was a deep indigo, and the stars twinkled like diamonds scattered across velvet. They paused on a bridge, leaning against the railing as they looked out over the water.

"Do you believe in destiny, Charles?" Linnea asked, her voice barely above a whisper.

He considered the question, his gaze fixed on the rippling water below. "I think I do," he said finally. "Or at least, I want to."

Linnea smiled, a wistful expression crossing her face. "Perhaps we were meant to meet tonight."

The days that followed were a blur of color and light, a whirlwind of moments that felt both vivid and surreal. Charles and Linnea spent their time exploring the city, visiting art galleries and museums, and taking long walks through the parks and along the waterfront. They talked about everything and nothing, sharing their hopes and fears, their dreams and regrets.

One afternoon, they took a ferry to the island of Djurgården, a verdant oasis in the midst of the city. They wandered through the gardens of Rosendal, the air heavy with the scent of roses and lilacs. Linnea brought a sketchbook, capturing the beauty around them with quick, deft strokes of her pencil. Charles watched her, his heart swelling with an emotion he could barely comprehend.

As the sun dipped low in the sky, casting long shadows across the grass, they found a secluded spot by the water's edge. Linnea spread out a blanket, and they sat together, their shoulders touching. She handed him the sketchbook, and he flipped through the pages, marveling at her talent.

"These are incredible," he said, his voice filled with awe.

Linnea shrugged, a blush coloring her cheeks. "Thank you. It's just what I see."

Charles closed the sketchbook, setting it aside. "Do you ever feel like you're part of something bigger? Like you're just a small piece of a much larger puzzle?"

Linnea nodded slowly. "All the time. That's why I paint. It's my way of trying to make sense of it all."

They sat in companionable silence, the sound of the water lapping gently against the shore. Charles felt a sense of peace settle over him, a feeling he had rarely experienced before. It was as if, in this moment, everything was exactly as it should be.

The summer days stretched into weeks, each one more enchanting than the last. Charles and Linnea grew closer, their bond deepening with each shared experience. They attended open-air concerts in the city squares, their fingers intertwined as they swayed to the music. They dined in charming bistros, savoring the rich flavors of Swedish cuisine and laughing over glasses of wine.

But as the season began to wane, a sense of melancholy settled over Charles. He knew that his time in Stockholm was coming to an end, that the magic of the summer would soon be nothing more than a memory. The thought of leaving Linnea filled him with a profound sadness, a longing for something that felt just out of reach.

One evening, as they sat on a park bench overlooking the city, Charles broached the subject that had been weighing on his mind.

"I have to go back to New York soon," he said quietly, his eyes fixed on the distant horizon.

Linnea looked at him, her expression unreadable. "I know," she said softly. "But that doesn't mean this has to end."

Charles turned to her, his heart aching. "What do you mean?"

She reached for his hand, her touch gentle and reassuring. "We can write to each other, call each other. This doesn't have to be goodbye."

He wanted to believe her, wanted to hold on to the hope that their connection could survive the distance. But a part of him feared that the magic of their summer would fade with the passing of time, that their love would become nothing more than a beautiful memory.

On their last night together, they returned to the café where they had first met. The atmosphere was just as warm and inviting as it had been on that fateful evening, the air filled with the hum of conversation and the soft glow of candlelight. They sat at the bar, their hands clasped tightly together, as if afraid to let go.

Linnea leaned in close, her lips brushing against his ear. "No matter what happens, Charles, remember this: we were here, together, and it was real."

He nodded, his throat tight with emotion. "I won't forget."

As they walked back to the hotel, the city seemed to take on a new, bittersweet beauty. The streets were quiet, the only sound the soft whisper of the wind through the trees. They paused at the entrance to the Grand Hôtel, lingering in the moment, reluctant to say goodbye.

Linnea reached up, cupping his face in her hands. "I love you, Charles," she said, her voice trembling with sincerity.

He pulled her close, their foreheads touching. "I love you too, Linnea."

They kissed, a tender, lingering kiss that held all the emotions they couldn't put into words. When they finally parted, Charles watched her walk away, her figure disappearing into the night. He felt a pang of loss, but also a sense of gratitude for the time they had shared.

In the weeks that followed, Charles returned to New York, throwing himself into his writing with a renewed sense of purpose. He wrote about the city of Stockholm, about the magic of that summer, and about a love that had changed him forever. His words flowed with a new depth and clarity, inspired by the memories he had made and the woman who had touched his soul.

He and Linnea exchanged letters, their correspondence a lifeline that kept them connected across the miles. They shared their thoughts and feelings, their daily triumphs and struggles, and their dreams for the future. Each letter was a bridge between their worlds, a testament to the enduring bond they had forged during that magical summer.

Months turned into years, and though the distance between them remained, Charles and Linnea's connection grew stronger.

Their letters evolved from simple updates to profound reflections on life and love, each one a piece of their ongoing story. They spoke of their hopes to reunite, to once again walk the cobblestone streets of Stockholm, and to find a way to be together despite the vast ocean that separated them.

Charles found success in his writing, his works gaining recognition and acclaim. His latest novel, inspired by his time in Stockholm and his relationship with Linnea, became a bestseller. The story of a young American writer falling in love with a Swedish artist captured the hearts of readers around the world, resonating with anyone who had ever experienced the beauty and pain of a fleeting romance.

Linnea, too, saw her art flourish. Her paintings, imbued with the ethereal quality of the Swedish landscape and the depth of her emotions, were exhibited in galleries across Europe. She became known for her ability to capture the transient beauty of nature and the human spirit, her works a testament to her talent and passion.

Despite their individual successes, both Charles and Linnea felt an unshakable longing for each other. They had built lives of their own, yet they remained tethered by the memories of their summer together and the love that had never faded.

One crisp autumn morning, as Charles sat at his desk in his New York apartment, a letter from Linnea arrived. Her familiar handwriting brought a smile to his face as he carefully opened the envelope. Her words, as always, were a blend of poetry and sincerity:

———————

Dearest Charles,

As the leaves change and the air grows colder, I find myself thinking more and more about you and our time together. The memories of that summer are as vivid as ever, and I can't help but feel that our story is far from over.

I've been offered an opportunity to exhibit my work in New York, and I can't imagine being there without seeing you. I will be arriving in a few weeks, and I hope that we can find each other again in the city that never sleeps. There is so much I want to share with you, so much I want to say.

With all my love,

Linnea

———————

Charles felt his heart quicken with anticipation. The thought of seeing Linnea again filled him with a mixture of excitement and nervousness. He had often dreamed of this moment, but now that it was becoming a reality, he found himself wondering if the magic they had once shared could be rekindled.

When the day of Linnea's arrival finally came, Charles waited at the bustling train station, his eyes scanning the crowd for her familiar figure. The sound of footsteps and the hum of conversation filled the air, but his focus was solely on finding the woman who had captured his heart.

Then he saw her. She stood on the platform, her dark hair cascading over her shoulders, her green eyes searching the crowd. When their eyes met, a smile broke across her face, and she began to walk towards him, her steps quickening with each moment.

They embraced, the years melting away as they held each other close. For a moment, they simply stood there, taking in the reality of being together once more. It felt as though no time had passed, as if they had never been apart.

As they walked through the city, the energy and vibrancy of New York enveloping them, Charles and Linnea talked about everything and nothing, just as they had during that summer in Stockholm. They visited Central Park, where the autumn leaves created a tapestry of red, orange, and gold. They strolled through art galleries and museums, their conversations flowing seamlessly from one topic to the next.

In the evenings, they dined at cozy restaurants, their laughter and shared glances a testament to the bond that had never wavered. They spoke of their dreams for the future, of the possibility of building a life together despite the challenges they faced. Each moment was a precious gift, a reminder of the love that had endured through time and distance.

As Linnea's exhibition approached, Charles found himself filled with pride and admiration for her. Her paintings, each one a reflection of her soul, captivated the art world. The night of the exhibition was a triumph, with critics and admirers alike praising her work. Charles stood by her side, his heart swelling with love and gratitude for the woman who had brought so much beauty into his life.

That night, as they walked back to Charles's apartment, Linnea took his hand, her eyes reflecting the city lights. "Charles," she said softly, "I've been thinking. We've spent so much time apart, but I don't want to live my life in fragments anymore. I want to be with you, truly and completely."

Charles stopped, turning to face her. "I want that too, Linnea. More than anything."

They made a promise to each other that night, a vow to find a way to be together, no matter the obstacles. They spoke of the possibility of Linnea moving to New York or Charles relocating to Sweden, exploring every option with a sense of hope and determination.

In the months that followed, they began to build a new life together. Linnea found a studio in New York, where she continued to create her art, drawing inspiration from the city's vibrant energy. Charles, in turn, found his writing infused with a renewed sense of passion and purpose, his words flowing with the love and joy he felt.

Their days were filled with the simple pleasures of life: morning walks through the park, quiet evenings spent reading and talking, and the shared experience of creating art and stories that reflected their journey. They traveled together, visiting new places and revisiting old memories, their love growing stronger with each passing day.

As the years went by, Charles and Linnea's story became one of resilience and devotion. They faced challenges, as all couples do, but they faced them together, their bond unbreakable. Their love, once a fleeting summer romance, had blossomed into a lifelong partnership, a testament to the power of connection and the beauty of enduring love.

One crisp autumn evening, many years after their initial meeting, they sat together on a bench overlooking the water, much like they had in Stockholm. The air was cool, and the sky was painted with the colors of the setting sun. Linnea leaned her head on Charles's shoulder, a contented smile on her lips.

"Do you remember that first night we met?" she asked, her voice a gentle whisper.

Charles nodded, his eyes reflecting the fading light. "I remember everything. It was the beginning of everything."

Linnea took his hand, their fingers entwining. "I'm so grateful for that summer, for everything it brought us."

Charles pressed a kiss to her forehead. "Me too, Linnea. Me too."

As they sat together, the world around them fading into the background, they knew that their love story was one that would never truly end. It was a story of two souls finding each other, of enduring the trials of distance and time, and of building a life filled with love and beauty.

In that moment, as the sun dipped below the horizon and the first stars began to twinkle in the sky, Charles and Linnea knew that they had found their forever in each other. And as they held each other close, the memories of their summer in Stockholm and the years that followed became the tapestry of their shared life, a testament to a love that was timeless and true.

<hr>

Epilogue

Many years later, after a lifetime of shared adventures and creative endeavors, Charles and Linnea found themselves once again in Stockholm, walking along the familiar streets that had witnessed the beginning of their story. The city, with its timeless charm and tranquil beauty, welcomed them back like old friends.

They visited the places that had been significant to them: the Grand Hôtel, the café where they had first met, and the bridge where they had spoken of destiny. Each location was a touchstone of their journey, a reminder of the love that had endured through all the years.

On their final evening in Stockholm, they took a ferry to Djurgården, just as they had done so many years before. The island was as enchanting as ever, the gardens of Rosendal in full bloom. They found their secluded spot by the water's edge, spreading out a blanket and sitting together in the fading light.

Linnea brought out her sketchbook, her hands steady and sure as she began to draw. Charles watched her, his heart full of the same awe and admiration he had felt that first summer. As she sketched, capturing the beauty of the moment, he took out his notebook and began to write, his words a reflection of the life they had built together.

The sun set over the water, casting a golden glow over the landscape. Linnea set down her sketchbook, turning to Charles with a smile that spoke of a lifetime of love and shared dreams.

"We've come full circle," she said softly.

Charles nodded, taking her hand in his. "And what a journey it's been."

They sat in silence for a while, the tranquility of the evening wrapping around them like a gentle embrace. In that moment, they felt the weight of all their years together, the challenges they had faced and the joy they had found, and they knew that their love was as strong as ever.

As the stars began to appear in the sky, Charles leaned in and kissed Linnea, a kiss that held all the love and gratitude he felt for the woman who had been his partner, his muse, and his greatest love.

And as they held each other close, surrounded by the beauty of the Swedish landscape, they knew that their story was one that would live on, a testament to a love that had transcended time and distance, and a reminder that true love, once found, never truly fades.

Sommarns Ekon

Det tidiga kvällsljuset dröjde kvar över Stockholm, kastade ett mjukt sken över vattnet och de pastellfärgade byggnaderna som kantade gatorna. Staden var en väv av historia och modernitet, en plats där varje hörn verkade viska hemligheter från en annan tid. Det var här som Emma Forsberg, en konsthistoriker med en förkärlek för att upptäcka det förflutna, fann sig själv återvända varje år. Hon hade tillbringat många somrar i Stockholm, hennes nyfikenhet ledde henne att utforska stadens dolda historier, men varje besök kändes som en ny början.

Emma steg av spårvagnen vid Djurgården, ön där natur och kultur samexisterade i harmonisk balans. Luften var doftande av blommande syrener, och ljuden av skratt och samtal svävade från det närliggande Gröna Lunds tivoli. När hon gick mot Rosendals trädgårdar kände hon en bekant känsla av förväntan, som om staden väntade på att avslöja sin nästa hemlighet.

Rosendals trädgård var en fristad av stillhet, med sina välskötta blomsterbäddar och det eleganta växthuscaféet. Emma hade ofta kommit hit för att sitta bland rosorna och låta sina tankar vandra. Idag hade hon med sig sin skissbok, en vana hon hade fått från sin mormor, en kvinna som hade lärt henne att se skönheten i det vardagliga.

Hon hittade en avskild bänk nära en lund med gamla ekar och började skissa landskapet, hennes penna rörde sig i snabba, självsäkra drag. Hennes tankar gled tillbaka till barndomen, till somrarna tillbringade i morföräldrarnas hus vid sjön, där hon först hade lärt sig att uppskatta konst och historia. Dessa minnen var ett lapptäcke av ljus och skugga, som det fläckiga solljuset som silade genom löven ovanför henne.

Medan hon arbetade, blev Emma medveten om att någon tittade på henne. Hon tittade upp och såg en ung man stå några meter bort, hans händer i fickorna och ett nyfiket leende på läpparna. Han hade en kamera slungad över ena axeln och en skissbok under armen, en konstnär som hon själv.

"Får jag slå mig ner?" frågade han, hans svenska accent med en antydan av något främmande.

"Absolut," svarade Emma och flyttade sina saker åt sidan för att göra plats på bänken. "Jag heter Emma, förresten."

"Anton," sade han och satte sig bredvid henne. "Jag kunde inte låta bli att lägga märke till din teckning. Den är vacker."

"Tack," sade Emma, en rodnad av glädje värmde hennes kinder. "Tecknar du också?"

"Ibland," sade Anton och kastade en blick på sin skissbok. "Men jag är mer av en fotograf. Jag gillar att fånga ögonblick som berättar en historia."

Emma nickade, intresserad. "Vad förde dig till Rosendal idag?"

"Jag kommer hit ofta," sade Anton. "Det är en bra plats att tänka och hitta inspiration. Dessutom finns det något tidlöst med denna plats. Det känns som att kliva tillbaka in i en annan era."

Emma visste precis vad han menade. De pratade en stund och utbytte historier om sina favoritplatser i Stockholm och deras gemensamma kärlek till konst och historia. Det fanns en lätthet i deras samtal, en känsla av förbindelse som kändes både bekant och ny.

När solen sänkte sig lägre på himlen och kastade långa skuggor över trädgården, kände Emma en motvillig hunger och insåg att det var dags att gå. Hon packade ihop sin skissbok och reste sig, och gav Anton ett leende.

"Vill du äta middag med mig?" frågade hon, överraskad över sin egen djärvhet.

Anton såg glatt överraskad ut. "Det skulle jag gärna vilja."

De gick tillsammans till en närliggande bistro, ett mysigt ställe med murgrönatäckta väggar och levande ljus på borden. Restaurangen hade en gammaldags charm, med mörka trämöbler och en meny som innehöll traditionella svenska rätter. De beställde sill och potatis, kombinerat med ett krispigt vitt vin som passade perfekt till måltiden.

Under middagen pratade de om sina liv, sina drömmar och de vägar som hade lett dem till detta ögonblick. Emma fick veta att Anton ursprungligen var från Ryssland, men hade flyttat till Sverige som barn. Hans far hade varit konstnär och hans mor författare, en kombination som starkt hade påverkat hans egna kreativa strävanden.

"Jag tror det är därför jag är så dragen till fotografering," sade Anton, hans ögon tankfulla. "Det är ett sätt att fånga essensen av ett ögonblick, att bevara en bit av det förflutna."

Emma förstod. "Det är samma sak för mig med konsthistoria. Det finns något magiskt med att avslöja historierna bakom målningarna och skulpturerna, att få en förbindelse med människorna som skapade dem."

När kvällen fortskred, kände Emma en växande känsla av släktskap med Anton. Det var något med hans närvaro som fick henne att känna sig förstådd, som om de var själsfränder som äntligen hade funnit varandra. De avslutade sin måltid och dröjde kvar över efterrätten, en delad bit krämig cheesecake som smälte i munnen.

När det var dags att gå, följde Anton Emma till hennes lägenhet i Gamla Stan, den gamla stadsdelen. De smala, slingrande gatorna var tysta, kullerstenarna blöta av de senaste regnet. De stannade framför hennes byggnad, en charmig gammal struktur med murgröna som klättrade på väggarna.

"Tack för ikväll," sade Emma, kände en värme i bröstet som inte hade något med vinet att göra. "Jag hade en underbar tid."

"Det hade jag också," sade Anton, hans blick stadig och varm. "Jag vill gärna se dig igen, om det är okej."

Emma log, hennes hjärta lyfte. "Det vill jag också."

De utbytte telefonnummer och sade godnatt, en känsla av löfte hängde i luften mellan dem. När Emma klättrade uppför trapporna till sin lägenhet, kände hon en lätthet i stegen, en känsla av förväntan inför vad framtiden kunde hålla.

Under de följande dagarna tillbringade Emma och Anton mer tid tillsammans, utforskade staden och upptäckte nya lager av dess historia och skönhet. De besökte Vasamuseet, förundrade sig över det restaurerade skeppet som sjunkit på sin jungfruresa. De vandrade genom Södermalms kullerstensgator, stannade vid quirky butiker och charmiga kaféer. Varje dag förde nya upptäckter, nya ögonblick av förbindelse som fördjupade deras band.

En eftermiddag tog de en färja till ön Fjäderholmarna, en liten skärgård bara en kort resa från staden. Ön var en fristad av lugn, med sina klippiga stränder och frodiga grönska. De promenerade längs vattenkanten, ljudet av vågorna en lugnande bakgrund till deras samtal.

Emma hade med sig sin skissbok, som alltid, och Anton sin kamera. De hittade en tyst plats vid vattnet och satte sig tillsammans, var och en förlorad i sin egen kreativa värld. Emma skissade landskapet, fångade ljusets och skuggans lek på klipporna och träden. Anton tog foton, hans lins fångade ögonblickets essens, hur ljuset dansade på vattnet och vinden prasslade i löven.

När de arbetade kände Emma en känsla av frid sänka sig över henne, en känsla av tillfredsställelse som hon sällan hade upplevt.

Det var något med att vara med Anton, att dela dessa ögonblick av kreativitet och förbindelse, som fick henne att känna sig hel.

När solen började gå ner, kastade ett gyllene sken över ön, packade de ihop sina saker och gick till en närliggande restaurang för middag. Platsen var liten och anspråkslös, med träbord och en meny som innehöll färsk fisk fångad den dagen. De beställde grillad fisk och en flaska vitt vin, smakerna enkla och utsökta.

Under middagen pratade de om sina drömmar för framtiden, om platserna de ville besöka och projekten de hoppades att genomföra. Emma delade sin önskan att skriva en bok om Stockholms dolda historier, ett projekt som hade sjudit i hennes sinne i åratal.

"Jag tycker att du ska göra det," sade Anton, hans ögon lysande av uppmuntran. "Din passion för historia och konst är smittsam. Folk skulle älska att läsa om det."

Emma kände en våg av självförtroende. "Kanske jag gör det," sade hon, leende. "Och vad med dig? Vad är ditt nästa projekt?"

Anton såg tankfull ut. "Jag har funderat på att göra en fotoserie om årstidernas växlingar i Stockholm. Det finns något så vackert med hur staden förändras under året."

"Jag älskar den idén," sade Emma. "Varje årstid har sin egen magi."

När de avslutade sin måltid, började restaurangen fyllas med sorlet av samtal och klirret av glas. De dröjde kvar över kaffet, njöt av kvällens värme och intimitet. När det var dags att gå, promenerade de tillbaka till färjan, deras händer nuddade varandra i skymningen.

Färjeresan tillbaka till staden var tyst, vattnet mörkt och slätt under båten. Emma lutade sig mot räcket, hennes tankar svävande som vågorna. Anton stod bredvid henne, hans närvaro en tröstande förankring i natten.

"Emma," sade han mjukt, bröt tystnaden. "Jag vet att vi bara har känt varandra en kort tid, men det känns som att jag har känt dig för alltid."

Emma vände sig mot honom, hennes hjärta bultande i bröstet. "Jag känner likadant."

Han räckte ut och tog hennes hand, hans beröring varm och lugnande. "Jag vill inte att detta ska ta slut," sade han. "Jag vill se vart detta leder, utforska vad detta är mellan oss."

Emma kände en våg av känslor, en blandning av glädje och rädsla. Hon hade alltid varit försiktig, alltid tvekat att låta sig själv vara sårbar. Men med Anton kände hon en känsla av möjlighet, en känsla av att kanske, bara kanske, kunde detta vara något verkligt.

"Det vill jag också," sade hon, hennes röst stadig. "Låt oss se vart detta tar oss."

De stod tillsammans, deras händer sammanflätade, medan färjan gled över vattnet. Stadens ljus kom närmare, ett löfte om nya början och oändliga möjligheter.

Under veckorna och månaderna som följde, blomstrade Emma och Antons relation. De fortsatte att utforska staden, avslöjade dess dolda historier och skapade sina egna. De tillbringade lata eftermiddagar i parkerna, picknickade vid vattnet och delade sina drömmar för framtiden. De besökte konstutställningar och konserter, deras gemensamma kärlek till kultur fördjupade deras band.

När årstiderna förändrades, blev deras kärlek starkare. De firade sin första jul tillsammans, staden täckt av snö, och välkomnade våren med dess löfte om förnyelse och tillväxt. De reste till andra delar av Sverige, utforskade landsbygden och upptäckte nya inspirationer för sin konst.

Genom allt kände Emma en känsla av tacksamhet för den oväntade vändningen av ödet som hade fört dem samman. Hon hade alltid trott på historiens kraft, på hur det förflutna kunde forma nutiden. Men med Anton hade hon lärt sig att omfamna det okända, att lita på resan och de möjligheter den höll.

En sommarkväll, ett år efter att de först hade träffats, tog Anton med Emma tillbaka till Rosendals trädgård. De hittade sin avskilda bänk och satt tillsammans, luften fylld med doften av rosor och fågelsångens ljud. Emma tog fram sin skissbok, hennes händer stadiga och säkra när hon började teckna. Anton såg på henne, hans hjärta fullt av samma vördnad och beundran han hade känt den första sommaren.

Medan hon skissade och fångade ögonblickets skönhet, tog Anton fram en liten ask ur sin ficka. Han öppnade den för att avslöja en delikat silverring, designen enkel och elegant.

"Emma," sade han, hans röst fylld av känslor. "Från det ögonblick jag träffade dig visste jag att du var någon speciell. Du har fört så mycket ljus och glädje in i mitt liv, och jag kan inte föreställa mig en framtid utan dig. Vill du gifta dig med mig?"

Emma kände tårar välla upp i ögonen, hennes hjärta översvämmat av kärlek. "Ja," viskade hon, hennes röst kvävd av känslor. "Ja, det vill jag."

Anton satte ringen på hennes finger, och de omfamnade varandra, deras hjärtan slog som ett. När solen gick ner över trädgården och kastade ett gyllene sken över landskapet, visste de att deras resa bara hade börjat. Tillsammans skulle de fortsätta att utforska världen, avslöja dess dolda historier och skapa sina egna, deras kärlek ett bevis på förbindelsens kraft och det okändas skönhet.

Echoes of Summer

The early evening light lingered over Stockholm, casting a soft glow on the water and the pastel-colored buildings lining the streets. The city was a tapestry of history and modernity, a place where every corner seemed to whisper secrets from another time. It was here that Emma Forsberg, an art historian with an affinity for uncovering the past, found herself drawn back each year. She had spent many summers in Stockholm, her curiosity leading her to explore the city's hidden stories, yet each visit felt like a new beginning.

Emma stepped off the tram at Djurgården, the island where nature and culture coexisted in harmonious balance. The air was fragrant with the scent of blooming lilacs, and the sounds of laughter and conversation drifted from the nearby Gröna Lund amusement park. As she walked towards the Rosendal Gardens, she felt a familiar sense of anticipation, as if the city were waiting to reveal its next secret.

Rosendal's Garden was a haven of tranquility, with its well-tended flower beds and the elegant glasshouse café. Emma had often come here to sit among the roses and let her thoughts wander. Today, she had brought her sketchbook, a habit she had picked up from her grandmother, a woman who had taught her to see the beauty in the everyday.

She found a secluded bench near a grove of old oaks and began to sketch the landscape, her pencil moving in quick, confident strokes. Her mind drifted back to her childhood, to the summers spent in her grandparents' house by the lake, where she had first learned to appreciate art and history. Those memories were a patchwork of light and shadow, like the dappled sunlight filtering through the leaves above her.

As she worked, Emma became aware of someone watching her. She looked up to see a young man standing a few feet away, his hands in his pockets and a curious smile on his face. He had a camera slung over one shoulder and a sketchbook under his arm, an artist like herself.

"Mind if I join you?" he asked, his Swedish accent tinged with a hint of something foreign.

"Not at all," Emma replied, moving her things aside to make room on the bench. "I'm Emma, by the way."

"Anton," he said, sitting down beside her. "I couldn't help but notice your drawing. It's beautiful."

"Thank you," Emma said, a flush of pleasure warming her cheeks. "Do you sketch as well?"

"Sometimes," Anton said, glancing at his sketchbook. "But I'm more of a photographer. I like to capture moments that tell a story."

Emma nodded, intrigued. "What brings you to Rosendal today?"

"I come here often," Anton said. "It's a good place to think and find inspiration. Plus, there's something timeless about this place. It feels like stepping back into another era."

Emma knew exactly what he meant. They talked for a while, exchanging stories about their favorite places in Stockholm and their shared love of art and history. There was an ease to their conversation, a sense of connection that felt both familiar and new.

As the sun dipped lower in the sky, casting long shadows across the garden, Emma felt a reluctant pang of hunger and realized it was time to leave. She packed up her sketchbook and stood, offering Anton a smile.

"Would you like to have dinner with me?" she asked, surprising herself with her boldness.

Anton looked pleasantly surprised. "I'd love to."

They walked together to a nearby bistro, a cozy place with ivy-covered walls and candlelit tables. The restaurant had an old-world charm, with dark wood furniture and a menu that featured traditional Swedish dishes. They ordered herring and potatoes, paired with a crisp white wine that complemented the meal perfectly.

Over dinner, they talked about their lives, their dreams, and the paths that had led them to this moment. Emma learned that Anton was originally from Russia, but had moved to Sweden as a child. His father had been an artist, and his mother a writer, a combination that had deeply influenced his own creative pursuits.

"I think that's why I'm so drawn to photography," Anton said, his eyes thoughtful. "It's a way of capturing the essence of a moment, of preserving a piece of the past."

Emma understood. "It's the same for me with art history. There's something magical about uncovering the stories behind the paintings and sculptures, about connecting with the people who created them."

As the evening wore on, Emma felt a growing sense of kinship with Anton. There was something about his presence that made her feel understood, as if they were kindred spirits who had finally found each other. They finished their meal and lingered over dessert, a shared slice of creamy cheesecake that melted in their mouths.

When it was time to leave, Anton walked Emma to her apartment in Gamla Stan, the old town. The narrow, winding streets were quiet, the cobblestones slick with the remnants of a recent rain. They stopped in front of her building, a charming old structure with ivy climbing the walls.

"Thank you for tonight," Emma said, feeling a warmth in her chest that had nothing to do with the wine. "I had a wonderful time."

"So did I," Anton said, his gaze steady and warm. "I'd like to see you again, if that's alright."

Emma smiled, her heart lifting. "I'd like that too."

They exchanged phone numbers and said goodnight, a sense of promise lingering in the air between them. As Emma climbed the stairs to her apartment, she felt a lightness in her step, a feeling of anticipation for what the future might hold.

In the days that followed, Emma and Anton spent more time together, exploring the city and discovering new layers of its history and beauty. They visited the Vasa Museum, marveling at the restored ship that had sunk on its maiden voyage. They wandered through the cobblestone streets of Södermalm, stopping at quirky boutiques and charming cafés. Each day brought new discoveries, new moments of connection that deepened their bond.

One afternoon, they took a ferry to the island of Fjäderholmarna, a small archipelago just a short ride from the city. The island was a haven of tranquility, with its rocky shores and lush greenery. They walked along the water's edge, the sound of the waves a soothing backdrop to their conversation.

Emma brought her sketchbook, as always, and Anton his camera. They found a quiet spot by the water and sat together, each lost in their own creative world. Emma sketched the landscape, capturing the play of light and shadow on the rocks and trees. Anton took photos, his lens capturing the essence of the moment, the way the light danced on the water and the breeze rustled the leaves.

As they worked, Emma felt a sense of peace settle over her, a feeling of contentment that she had rarely experienced. There was something about being with Anton, about sharing these moments of creativity and connection, that made her feel whole.

When the sun began to set, casting a golden glow over the island, they packed up their things and walked to a nearby restaurant for dinner. The place was small and unassuming, with wooden tables and a menu that featured fresh seafood caught that day. They ordered grilled fish and a bottle of white wine, the flavors simple and exquisite.

Over dinner, they talked about their dreams for the future, about the places they wanted to visit and the projects they hoped to undertake. Emma shared her desire to write a book about the hidden stories of Stockholm, a project that had been simmering in her mind for years.

"I think you should do it," Anton said, his eyes bright with encouragement. "Your passion for history and art is infectious. People would love to read about it."

Emma felt a surge of confidence. "Maybe I will," she said, smiling. "And what about you? What's your next project?"

Anton looked thoughtful. "I've been thinking about doing a photo series on the changing seasons in Stockholm. There's something so beautiful about the way the city transforms throughout the year."

"I love that idea," Emma said. "Each season has its own magic."

As they finished their meal, the restaurant began to fill with the hum of conversation and the clink of glasses. They lingered over coffee, enjoying the warmth and intimacy of the evening. When it was time to leave, they walked back to the ferry, their hands brushing against each other in the twilight.

The ferry ride back to the city was quiet, the water dark and smooth beneath the boat. Emma leaned against the railing, her thoughts drifting like the waves. Anton stood beside her, his presence a comforting anchor in the night.

"Emma," he said softly, breaking the silence. "I know we've only known each other for a short time, but I feel like I've known you forever."

Emma turned to him, her heart pounding in her chest. "I feel the same way."

He reached out and took her hand, his touch warm and reassuring. "I don't want this to end," he said. "I want to see where this goes, to explore whatever this is between us."

Emma felt a surge of emotion, a mixture of joy and fear. She had always been cautious, always hesitant to let herself be vulnerable. But with Anton, she felt a sense of possibility, a feeling that maybe, just maybe, this could be something real.

"I want that too," she said, her voice steady. "Let's see where this takes us."

They stood together, their hands entwined, as the ferry glided across the water. The lights of the city grew closer, a promise of new beginnings and endless possibilities.

In the weeks and months that followed, Emma and Anton's relationship blossomed. They continued to explore the city, uncovering its hidden stories and creating their own. They spent lazy afternoons in the parks, picnicking by the water and sharing their dreams for the future. They attended art exhibitions and concerts, their shared love of culture deepening their bond.

As the seasons changed, their love grew stronger. They celebrated their first Christmas together, the city blanketed in snow, and welcomed the spring with its promise of renewal and growth. They traveled to other parts of Sweden, exploring the countryside and discovering new inspirations for their art.

Through it all, Emma felt a sense of gratitude for the unexpected twist of fate that had brought them together. She had always believed in the power of history, in the way the past could shape the present. But with Anton, she had learned to embrace the unknown, to trust in the journey and the possibilities it held.

One summer evening, a year after they had first met, Anton took Emma back to Rosendal's Garden. They found their secluded bench and sat together, the air filled with the scent of roses and the sound of birdsong. Emma brought out her sketchbook, her hands steady and sure as she began to draw. Anton watched her, his heart full of the same awe and admiration he had felt that first summer.

As she sketched, capturing the beauty of the moment, Anton took out a small box from his pocket. He opened it to reveal a delicate silver ring, the design simple and elegant.

"Emma," he said, his voice filled with emotion. "From the moment I met you, I knew you were someone special. You've brought so much light and joy into my life, and I can't imagine a future without you. Will you marry me?"

Emma felt tears well up in her eyes, her heart overflowing with love. "Yes," she whispered, her voice choked with emotion. "Yes, I will."

Anton slipped the ring onto her finger, and they embraced, their hearts beating as one. As the sun set over the garden, casting a golden glow over the landscape, they knew that their journey was just beginning. Together, they would continue to explore the world, uncovering its hidden stories and creating their own, their love a testament to the power of connection and the beauty of the unknown.

Stockholms Hemligheter

I hjärtat av Stockholm, där gamla stenbyggnader ståtar stolt mot det moderna livets puls, levde Agnes Björk, en kvinna vars liv var lika mångfacetterat som staden själv. Agnes var bibliotekarie på Kungliga biblioteket, en plats där hon fann både ro och spänning i böckernas värld. Hennes förmåga att förlora sig i texterna och hitta svar på de mest oväntade frågor gjorde henne till en oumbärlig resurs för både kollegor och besökare.

En kylig morgon i maj, när stadens invånare sakta återhämtade sig från vintermörkret, befann sig Agnes vid sitt skrivbord, översvämmad av en hög gamla manuskript som skulle katalogiseras. Medan hon metodiskt arbetade, slogs hon av en idé som hade grott i hennes sinne under en tid. Hon hade nyligen kommit över en serie brev från 1800-talet som verkade skriva om en hemlig skatt, gömd någonstans i stadens djup.

Agnes var inte den enda som hade blivit betagen av mysteriet. Hennes kollega, Lars Johansson, en historiker med ett skarpt öga för detaljer och en nästan barnslig entusiasm för gåtor, hade också fångats av samma fascination. Lars, med sitt rufsiga hår och alltid närvarande anteckningsbok, hade blivit en nära vän och förtrogen till Agnes sedan hans första dag på biblioteket för flera år sedan.

"Tror du verkligen att det finns en skatt?" frågade Lars en dag när de satt tillsammans i lunchrummet, omgivna av doften av nybryggt kaffe och gamla böcker.

"Jag vet inte," svarade Agnes, hennes blå ögon glittrande av förväntan. "Men jag kan inte släppa tanken. Breven är så detaljerade och specifika. Om de inte var tänkta att leda någon, varför skriva dem?"

Lars log och strök över sin skäggstubb. "Ja, varför inte? Vi kan åtminstone följa spåren och se var de leder oss. Om inte annat, så får vi en chans att lära oss mer om Stockholms historia."

Med beslutet fattat började Agnes och Lars sitt sökande efter skatten. De använde varje ledig stund för att gräva i arkiven, gå igenom gamla kartor och dokument, och besöka de platser som nämndes i breven. Deras första anhalt var Gamla Stan, Stockholms äldsta del, vars smala kullerstensgator och medeltida byggnader var en skattkista i sig.

En av breven pekade mot en särskild kyrka, Storkyrkan, där ett kryptiskt meddelande antydde att nästa ledtråd låg gömd någonstans inom dess väggar. En sen eftermiddag, när ljuset från de höga fönstren skapade färgade mönster på stengolvet, vandrade Agnes och Lars in i den stilla, ekande kyrkan.

"Jag tror vi bör börja med att undersöka koret," viskade Agnes och pekade mot altaret. "Breven talar om 'Guds ljus som leder vägen.'"

De gick försiktigt fram till koret, deras steg nästan ohörbara på de slitna stenplattorna. Agnes lutade sig fram för att studera altaret närmare, och hennes ögon fastnade på en liten symbol som var inristad i sten. Det var en enkel cirkel med ett kors i mitten, en symbol som matchade en teckning i ett av breven.

"Lars, kom och titta på detta," sade Agnes upphetsat. "Det är samma symbol!"

Lars gick fram och granskade symbolen noggrant. "Du har rätt. Och ser du dessa små hål runt cirkeln? De verkar bilda ett mönster. Kanske är det en kod eller ett meddelande."

De tillbringade resten av eftermiddagen med att noggrant dokumentera symbolen och mönstret av hål, och när kyrkan började fyllas med kvällsljus, hade de en ny ledtråd. Mönstret pekade mot ett annat historiskt landmärke i Stockholm, Riddarholmskyrkan.

Riddarholmskyrkan, med sin gotiska arkitektur och kungliga gravar, var en plats där historiens vingslag var påtagliga. Nästa dag, när de stod inför kyrkans imponerande fasad, kände de båda en blandning av vördnad och spänning. De visste att varje steg de tog förde dem närmare lösningen på gåtan.

Inuti kyrkan, bland de höga valven och storslagna gravmonumenten, följde de de ledtrådar som de hade dechiffrerat. Deras sökande ledde dem till en gammal gravsten med en inskription som nämnde en tidigare okänd plats i stadens utkanter, ett gammalt kloster som hade blivit övergivet under reformationen.

Klostret, beläget i en avlägsen del av staden, var nu nästan glömt, dess ruiner övervuxna och tysta. När Agnes och Lars anlände, kändes platsen både fridfull och mystisk. De gick försiktigt fram genom de gamla murarna, deras steg knappt hörbara i den stilla luften.

"Det måste finnas något här," sade Agnes medan hon studerade marken och väggarna. "Breven nämner en hemlig kammare, kanske under marken."

De sökte efter tecken på en dold ingång och upptäckte till slut en stor sten som verkade annorlunda än de andra. Med gemensamma krafter lyckades de flytta den och avslöjade en trappa som ledde ner i mörkret.

Med ficklampor i handen steg de ner i det kalla, fuktiga rummet. Väggarna var täckta av moss och fukt, och luften var tjock och gammal. I hörnet av kammaren såg de en gammal träkista, täckt av damm och spindelväv.

"Tror du det är den?" viskade Lars, hans röst fylld av förväntan.

"Det finns bara ett sätt att ta reda på det," svarade Agnes och gick fram till kistan. Hon öppnade den försiktigt, och de båda andades ut i lättnad när de såg innehållet.

Inuti kistan låg en samling gamla dokument, smycken och mynt. De hade hittat skatten, en kvarleva från en svunnen tid, bevis på de hemligheter som Stockholm bar på. Men för Agnes och Lars var det inte rikedomarna som betydde mest, utan resan de hade gjort tillsammans och de mysterier de hade avslöjat.

"Det här är bara början," sade Agnes när de studerade de gamla dokumenten. "Det finns så mycket mer att upptäcka. Stockholms hemligheter är oändliga."

Lars log och nickade. "Och vi har all tid i världen att utforska dem."

Under de följande veckorna fortsatte Agnes och Lars att gräva djupare i stadens historia, avslöjade fler berättelser och knöt samman gamla ledtrådar. Deras upptäckter fick snabbt uppmärksamhet, och snart blev de inbjudna att hålla föreläsningar och skriva artiklar om sina fynd.

En kväll, efter en särskilt framgångsrik presentation på Kungliga biblioteket, satt de på en liten bistro i Gamla Stan, deras favoritställe för att fira. De satt vid ett hörnbord, njöt av en flaska vin och samtalade om deras senaste upptäckter.

"Jag kan inte fatta hur mycket vi har lärt oss," sade Agnes och tog en klunk av sitt vin. "Och det känns som om vi bara har skrapat på ytan."

"Stockholm är som en levande organism," sade Lars. "Det finns alltid mer att upptäcka, alltid fler historier att berätta."

De satt tysta en stund, njöt av stunden och den lugna atmosfären i bistron. Utanför fönstret gick livet vidare, folk promenerade förbi, skrattade och pratade, omedvetna om de gamla hemligheterna som fanns gömda under deras fötter.

"Så vad är nästa steg?" frågade Lars och lutade sig tillbaka i sin stol.

"Jag tror att vi bör fokusera på klostret," sade Agnes. "Det finns så mycket mer att utforska där. Jag är säker på att vi bara har sett en bråkdel av vad som finns gömt."

Lars nickade. "Jag håller med. Och kanske vi kan få några fler ledtrådar från de dokument vi hittade."

När de fortsatte att planera sina nästa steg, kände de båda en djup känsla av tillfredsställelse och spänning inför framtiden. De visste att deras arbete inte bara handlade om att avslöja gamla hemligheter, utan också om att bevara och dela stadens rika historia med andra.

Deras resa hade bara börjat, och med varje ny upptäckt, varje gammal berättelse som kom fram i ljuset, kände de en förnyad energi och en djupare koppling till Stockholm. De var mer än bara bibliotekarier och historiker; de var upptäcktsresande i tidens ström, förenade av en gemensam passion för kunskap och äventyr.

Och så, medan Stockholms nätter och dagar fortsatte att växla, fortsatte Agnes och Lars sin odyssé, alltid på jakt efter nästa ledtråd, nästa berättelse, nästa hemlighet som väntade på att bli avslöjad. Och i deras arbete, fann de inte bara skatter från det förflutna, utan också en vänskap och ett partnerskap som skulle bestå genom alla tidens prövningar och förändringar.

Stockholm's Secrets

In the heart of Stockholm, where old stone buildings proudly stand against the pulse of modern life, lived Agnes Björk, a woman whose life was as multifaceted as the city itself. Agnes was a librarian at the Royal Library, a place where she found both peace and excitement in the world of books. Her ability to lose herself in texts and find answers to the most unexpected questions made her an invaluable resource for both colleagues and visitors.

On a chilly May morning, as the city's inhabitants slowly recovered from the winter darkness, Agnes found herself at her desk, overwhelmed by a stack of old manuscripts that needed cataloging. As she worked methodically, she was struck by an idea that had been growing in her mind for some time. She had recently come across a series of letters from the 1800s that seemed to speak of a hidden treasure, concealed somewhere deep within the city.

Agnes was not the only one captivated by the mystery. Her colleague, Lars Johansson, a historian with a keen eye for detail and an almost childlike enthusiasm for puzzles, had also been caught by the same fascination. Lars, with his unruly hair and ever-present notebook, had become a close friend and confidant to Agnes since his first day at the library several years ago.

"Do you really think there's a treasure?" Lars asked one day as they sat together in the lunchroom, surrounded by the scent of freshly brewed coffee and old books.

"I don't know," replied Agnes, her blue eyes sparkling with anticipation. "But I can't let go of the thought. The letters are so detailed and specific. If they weren't meant to lead someone, why write them?"

Lars smiled and stroked his stubble. "Yes, why not? At the very least, we can follow the clues and see where they lead us. If nothing else, we'll have a chance to learn more about Stockholm's history."

With the decision made, Agnes and Lars began their search for the treasure. They used every spare moment to dig through the archives, sift through old maps and documents, and visit the places mentioned in the letters. Their first stop was Gamla Stan, Stockholm's oldest part, whose narrow cobblestone streets and medieval buildings were a treasure trove in themselves.

One of the letters pointed to a specific church, Storkyrkan, where a cryptic message hinted that the next clue was hidden somewhere within its walls. One late afternoon, as light from the high windows created colored patterns on the stone floor, Agnes and Lars wandered into the still, echoing church.

"I think we should start by examining the chancel," whispered Agnes, pointing towards the altar. "The letters speak of 'God's light leading the way.'"

They walked cautiously towards the chancel, their steps almost inaudible on the worn stone slabs. Agnes leaned forward to study the altar more closely, and her eyes caught on a small symbol etched into the stone. It was a simple circle with a cross in the middle, a symbol that matched a drawing in one of the letters.

"Lars, come and look at this," said Agnes excitedly. "It's the same symbol!"

Lars came over and examined the symbol carefully. "You're right. And do you see these small holes around the circle? They seem to form a pattern. Maybe it's a code or a message."

They spent the rest of the afternoon meticulously documenting the symbol and the pattern of holes, and as the church began to fill with evening light, they had a new clue. The pattern pointed to another historic landmark in Stockholm, Riddarholmskyrkan.

Riddarholmskyrkan, with its Gothic architecture and royal tombs, was a place where the weight of history was palpable. The next day, as they stood before the church's impressive façade, they both felt a mix of awe and excitement. They knew that every step they took brought them closer to solving the mystery.

Inside the church, among the high vaults and grand tomb monuments, they followed the clues they had deciphered. Their search led them to an old gravestone with an inscription that mentioned a previously unknown location on the outskirts of the city, an old monastery that had been abandoned during the Reformation.

The monastery, located in a remote part of the city, was now almost forgotten, its ruins overgrown and silent. When Agnes and Lars arrived, the place felt both peaceful and mysterious. They walked carefully through the ancient walls, their steps barely audible in the still air.

"There must be something here," said Agnes as she studied the ground and the walls. "The letters mention a hidden chamber, perhaps underground."

They searched for signs of a concealed entrance and eventually discovered a large stone that seemed different from the others. With combined effort, they managed to move it, revealing a staircase leading down into the darkness.

With flashlights in hand, they descended into the cold, damp room. The walls were covered in moss and moisture, and the air was thick and ancient. In the corner of the chamber, they saw an old wooden chest, covered in dust and cobwebs.

"Do you think this is it?" whispered Lars, his voice filled with anticipation.

"There's only one way to find out," replied Agnes, approaching the chest. She opened it carefully, and they both breathed a sigh of relief when they saw the contents.

Inside the chest lay a collection of old documents, jewelry, and coins. They had found the treasure, a relic from a bygone era, proof of the secrets Stockholm held. But for Agnes and Lars, it was not the riches that mattered most, but the journey they had made together and the mysteries they had uncovered.

"This is just the beginning," said Agnes as they studied the old documents. "There is so much more to discover. Stockholm's secrets are endless."

Lars smiled and nodded. "And we have all the time in the world to explore them."

In the following weeks, Agnes and Lars continued to delve deeper into the city's history, uncovering more stories and piecing together old clues. Their discoveries quickly gained attention, and soon they were invited to give lectures and write articles about their findings.

One evening, after a particularly successful presentation at the Royal Library, they sat at a small bistro in Gamla Stan, their favorite place to celebrate. They sat at a corner table, enjoying a bottle of wine and discussing their latest discoveries.

"I can't believe how much we've learned," said Agnes, taking a sip of her wine. "And it feels like we've only scratched the surface."

"Stockholm is like a living organism," said Lars. "There's always more to discover, always more stories to tell."

They sat in silence for a moment, savoring the moment and the calm atmosphere of the bistro. Outside the window, life went on, people strolled by, laughing and talking, unaware of the old secrets hidden beneath their feet.

"So what's the next step?" asked Lars, leaning back in his chair.

"I think we should focus on the monastery," said Agnes. "There is so much more to explore there. I'm sure we've only seen a fraction of what is hidden."

Lars nodded. "I agree. And maybe we can get some more clues from the documents we found."

As they continued to plan their next steps, they both felt a deep sense of satisfaction and excitement about the future. They knew that their work was not just about uncovering old secrets, but also about preserving and sharing the city's rich history with others.

Their journey had only just begun, and with each new discovery, each old story brought to light, they felt a renewed energy and a deeper connection to Stockholm. They were more than just librarians and historians; they were explorers in the stream of time, united by a shared passion for knowledge and adventure.

And so, as Stockholm's nights and days continued to pass, Agnes and Lars continued their odyssey, always in search of the next clue, the next story, the next secret waiting to be revealed. And in their work, they found not only treasures from the past, but also a friendship and a partnership that would endure through all the trials and changes of time.

www.ingramcontent.com/pod-product-compliance
Lightning Source LLC
Chambersburg PA
CBHW052233150726

48002CB00003B/1415